水力学实训指导书

王一文　主　编

黄河水利出版社
·郑州·

内 容 提 要

本书依据高职高专《水力学》教学大纲和国家现行规范编写。全书分为演示实验和量测实验两部分，共20个实验，每个实验力求做到理论联系实际，以利于学生综合素质的提高。

本书主要适用于道路桥梁工程技术、水利水电工程、建筑工程技术等土建类专业，也可供相关土建行业技术人员参考。

图书在版编目(CIP)数据

水力学实训指导书/王一文主编.—郑州:黄河水利出版社,2013.7

(高职高专工程实训系列丛书)

ISBN 978-7-5509-0474-3

Ⅰ.①水… Ⅱ.①王… Ⅲ.①水力学-高等职业教育-教材 Ⅳ.①TV13

中国版本图书馆CIP数据核字(2013)第091867号

组稿编辑:王文科 电话:0371-66022573 E-mail:15936285975@163.com

出 版 社:黄河水利出版社

地址:河南省郑州市顺河路黄委会综合楼14层 邮政编码:450003

发行单位:黄河水利出版社

发行部电话:0371-66026940、66020550、66028024、66022620(传真)

E-mail:hhslcbs@126.com

承印单位:郑州海华印务有限公司

开本:787 mm×1 092 mm 1/16

印张:4.25

字数:104千字　　印数:1—3 000

版次:2013年7月第1版　　印次:2013年7月第1次印刷

定价:13.50元

前　言

工程实训是道桥、建筑等专业的主干实践课程。近年来，工程建设领域科学技术的快速发展，使得工程实训也进入了突飞猛进的发展阶段。许多实训的检测标准、规范，特别是新出的实训标准，都发生了一定程度的变化。为了使学生的学习内容贴近生产实际，体现高等职业教育的特点和优势，满足新技术、新工艺、新规范的要求，我们编写了本套实训教材。本套教材在介绍日益变得先进的传统实训方法的同时，还介绍了当前具有广泛应用价值和前景的新的实训方法。在编写中，力求做到理论联系实际，注重科学性、实用性和针对性，采用了国家和相关部委发布的最新标准规范，如《公路工程岩石试验规程》(JTG E41—2005)、《公路工程集料试验规程》(JTG E42—2005)、《公路工程水泥及水泥混凝土试验规程》(JTG E30—2005)、《公路沥青路面施工技术规范》(JTG F40—2004)、《公路水泥混凝土路面施工技术规范》(JTG F30—2003)、《混凝土结构工程施工质量验收规范》(GB 50204—2002)、《普通混凝土配合比设计规程》(JGJ 55—2011)、《公路工程沥青及沥青混合料试验规程》(JTJ 052—2000)等。

本套教材具有以下特点：

(1)贯彻了国家和相关部委发布的最新的行业标准规范，保证了实效性，使教学与实际紧密结合。

(2)为突出高等职业教育的特点，本套实训教材的编写班子以双师型教师为主，并吸收了部分企业的技术人员参加教材的编、审工作，使教材更贴近实际，更能反映工程建设中最新的技术、工艺和方法。

(3)不追求内容的系统性和完整性，以够用、实用为原则，以实际操作为主。强化了实践教学，重点培养学生的动手能力和思维方法。

(4)以学生好学、教师上课方便为宗旨，将教学改革成果引入到教材中，力争为一线教师提供较全面的、立体化的教材。

(5)在教材内容的选取上，以三年制教学为主，也充分考虑了两年制教学的要求，可供三年制和两年制教学使用。

本套教材由郑州交通职业学院组织编写，具体编写人员如下：范兵、韩娟、王志洁、董庆伟、王一文、梁胜军。

由于我国工程实训方法快速发展，新方法、新工艺不断出现，且由于编写时间仓促，编者的水平有限，不妥与疏漏之处在所难免，恳请读者批评指正。

编　者

2013 年 2 月

目　录

第一部分　演示实验

实训一　水静压强特性

一、演示目的和要求

(1)加深理解静力学基本方程式及等压面的概念。

(2)理解封闭容器内静止液体表面压力及其液体内部某空间点的压力。

(3)观察压力传递现象。

二、实验设备与装置

实验设备与装置如图1所示。

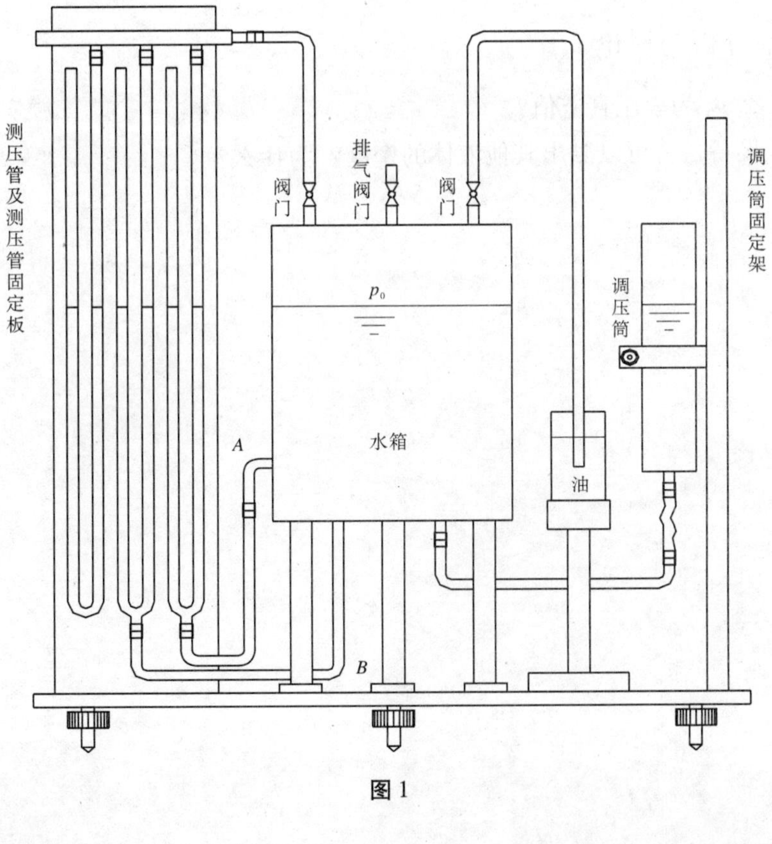

图1

三、演示原理

对密封容器的液体表面加压时，设其压力为 p_0，即 $p_0 > p_a$。从 U 形管可以看到有压差产生，U 形管与密封容器上部连通的一面，液面下降，而与大气相连通的一面，液面上升。由此可知，液面下降的表面压力即是密闭容器内液体表面压力 p_0，即 $p_0 = p_a + \rho g h$，h 是 U 形管液面上升的高度。当密闭容器内压力 p_0 下降时，U 形管内的液面呈现相反的现象，即 $p_0 < p_a$，这时密闭容器内液面压力 $p_0 = p_a - \rho g \Delta h$，$\Delta h$ 为液面下降高度。

四、演示步骤

如果对密闭容器的液体表面加压，其容器内部的压力向各个方向传递，在右侧的测压管中，可以看到，由于 A、B 两点在容器内的淹没深度 h 不同，在压力向各点传递时，先到 A 点后到 B 点。在测验管中反映出的是 A 管的液柱先上升而 B 管的液柱滞后一点也在上升，当停止加压时，A、B 两点在同一水平面上。

（1）关闭排气阀，用加压器缓慢加压，U 形管出现压差 Δh，在加压的同时，观察右侧 A、B 管的液柱上升情况。

（2）打开排气阀，使液面恢复到同一水平面上，关闭排气阀，打开密闭容器底部的水门，放出一部分水，造成容器内压力下降。

五、结果分析与讨论

（1）为什么 p_0 为表压真空值？

（2）用该设备是否可以测出其他液体的密度？为什么？

实训二　能量方程演示

一、演示目的和要求

(1)观察恒定流条件下,通过管道水流的位置势能(简称位能)、压强势能(简称压能)和动能的沿程转化规律,加深理解能量方程的物理意义及几何意义。

(2)观察均匀流、渐变流与急变流在水流特征及断面压强分布规律方面的差别,明确恒定总流能量方程的运用条件。

二、实验设备与装置

实验设备与装置如图 1 所示。

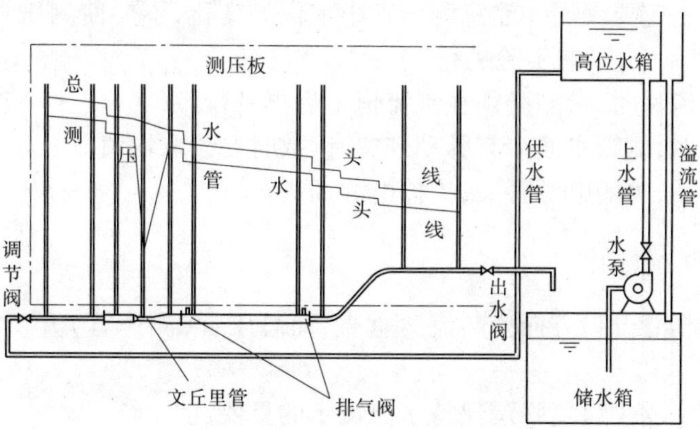

图 1

三、实验原理

过水断面的能量由位能、压能、动能三部分组成。水流在不同流径、不同高程的管路中流动时,三种能量不断地相互转化,在实验管道各断面设置测压管及测速管即可演示出三种能量沿程变化的实际情况。

测压管中水位显示的是位能和压能之和,即能量方程中的前两项:$Z+\frac{p}{\gamma}$;测速管中水位显示的是位能、压能、动能之和,即 $Z+\frac{p}{\gamma}+\frac{v^2}{2g}$。

将测压管中的水位连成一线,称为测压管水头线,反映势能沿程的变化;将测速管中的水位连成一线,称为总水头线,反映总能量沿程的变化。两线的距离即为流速水头$\frac{v^2}{2g}$。

四、实验步骤

(1)认真阅读实验目的和要求、实验原理和注意事项。

(2)对照实物了解仪器设备的使用方法和操作步骤,做好准备工作后,启动抽水机,打开进水开关，给水箱充水，并保持溢流状态，使水位恒定。

(3)检查下游阀门全关时，各个测压管和总压管的液面是否处于同一水平面上。若不平，则需排气调平。

(4)核对设备编号，记录有关常数。

(5)开启下游阀门，待水流恒定后，再进行数据的量测，并登录到数据记录表的相应位置。

(6)改变阀门开度，待水流恒定后，重复上述步骤，并按序记录数据。本实验要求做两个流量。

(7)检查数据记录表是否有遗漏，是否有明显不合理的数据，若有此情况，要进行补正。

(8)根据量测数据绘出水头线。

(9)阅读思考问题，作简要回答。

注意事项：

(1)尾阀开启一定要缓慢并注意测压管中水位的变化，不要使测压管水面下降太多，以免空气倒吸入管路系统，影响实验进行。

(2)每次改变流量时，量测必须在水流恒定后再进行。

(3)流速较大时，测管水面会有脉动现象，读数时要读取均值。

(4)实验结束后，关闭电源开关，拔掉电源插头。

五、结果分析及讨论

(1)为什么测压管开口方向应与流速垂直，而总压管(测速管)开口方向则应迎着流速方向?

(2)为什么在实验中反复强调保持水流恒定的重要性?

变坡水槽使用说明

本设备由槽头水箱、槽身、水泵、供水箱、水位测针等部件组成。

一、流量测量

槽头水箱内设置薄壁三角堰，用以测量通过水槽的流量，计算公式为：

$$Q = 0.0154H^{2.47} \quad (\mathrm{L/s})$$

式中　H——堰上水头，以厘米计。

水槽最后段设有宽顶堰模型，可测定宽顶堰的流量系数 m，计算公式为：

$$Q = H_0^{1.5} mb\sqrt{2g}$$

式中　b——槽宽，m；

H_0——宽顶堰上水头，m。

本设备还可以直观地演示出宽顶堰上复杂的水流现象。

二、临界水深

临界水深 h_k 的计算公式为：

$$h_k = \sqrt{\frac{q^2}{g}} \quad (\mathrm{m})$$

式中 q——单宽流量，$\mathrm{m^2/s}$，$q = Q/b$，b 为槽宽，m。

槽深上的 k—k 线即为临界水深线，是在一个特定流量下计算的。本设备定为 81 mm。

三、坡度的测量

水槽在中间转折点处将槽身分成两段，每段上均装有水准泡。测定前段Ⅰ的坡底时，先将Ⅰ调至水平位置，量测测坡点Ⅰ（一般选择槽壁最高点）至平台的距离 Δ_1，调至所需坡度后再量测坡点至平台的距离 Δ_2，则前段的坡度为：

$$i_1 = \frac{\Delta_1 - \Delta_2}{L_1}$$

式中 L_1——水平距离。

后段Ⅱ的坡度 i_2 的量测方法同前，不再重复。

四、水面曲线演示

本设备可演示明渠均匀流中的 12 种水面线。

(1)顺坡($i>0$)8 种，其中缓坡渠道($i<i_0$)3 种，急坡渠道($i>i_0$)3 种，临界坡渠道($i=i_0$)2 种。

(2)平坡渠道($i=0$)2 种。

(3)逆坡渠道($i<0$)2 种。

本设备的特点是前后段可分别变坡，故可演示底坡变化时水面曲线复杂的连接形式。

实训三　棱柱形渠道中恒定非均匀渐变流水面曲线

一、演示目的和要求

(1)通过观察,加深和巩固棱柱形渠道中恒定非均匀渐变 62 条水面曲线的概念,了解它们的特点、规律及各水面曲线的发生条件与形状。

(2)观察渠道底坡变化时水面曲线的衔接情况。

二、演示设备简述

实验段主要由两段可以调节各种底坡的有机玻璃水槽组成。坡度的改变由两个升降螺杆控制,流量由首部进水池中的量水堰测定。当在槽中放置各种模拟的水工建筑物并改变底坡时,就可以观察到各种水面曲线。

三、演示原理

在渠道底坡可变的矩形玻璃水槽中,放置某一模拟的水工建筑物或改变成不同底坡时,在受边界条件影响范围内,都会导致原有水流动状态的改变。非均匀流可能是渐变流,也可能是急变流。非均匀流的曲线分析和计算,即分析的微分方程为:

$$\frac{\mathrm{d}h_0}{\mathrm{d}s} + \frac{\mathrm{d}h}{\mathrm{d}s} + \frac{\mathrm{d}}{\mathrm{d}s}\left(\frac{\alpha v^2}{2g}\right) + \frac{\mathrm{d}h_\mathrm{k}}{\mathrm{d}s} = 0 \tag{1}$$

可见,微分方程(1)中包含了 h、h_0、h_k 及 i 的相互关系。正是由于在不同渠道底坡 i 下,上述三个水深值的不同组合,从而形成了明渠非均匀流水面曲线的各种变化:

$$\frac{\mathrm{d}h}{\mathrm{d}s} > 0 \qquad \frac{\mathrm{d}h}{\mathrm{d}s} < 0 \qquad \frac{\mathrm{d}h}{\mathrm{d}s} \to i \qquad \frac{\mathrm{d}h}{\mathrm{d}s} \to \pm\infty$$

为了便于区分水面曲线沿程变化的情况,一般在水面曲线的分析图上作出两条平行于渠底的直线。其中一条距渠底 h_0,为正常水深线 N—N;而另一条距渠底 h_k,为临界水深线 K—K。这样把渠道水流划分成 3 个不同的区域。这 3 个区分别称为 a 区、b 区、c 区,各区的特点如下:

所有处在$\begin{bmatrix} a\ \text{区} \\ b\ \text{区} \\ c\ \text{区} \end{bmatrix}$的水面水线,其水深为$\begin{bmatrix} \text{大于 } h_0, h_\mathrm{k} \\ \text{介于 } h_0, h_\mathrm{k} \text{ 之间} \\ \text{小于 } h_0, h_\mathrm{k} \end{bmatrix}$。

分别调节 5 种底坡,可清楚地显示出 12 条水面曲线的变化规律,亦可分别对顺坡、平坡及逆坡 3 种棱柱形渠道中水面曲线变化的情形进行讨论。

四、演示步骤

(1)在有机玻璃水槽上游段的某一适当位置放入一模拟的曲线模型实用堰(或其他堰型)。

(2)开启水泵,打开进水阀,调节成一适当流量,流量用量水堰控制,此时,根据流量算出临界水深 h_k 及临界底坡 i_k。

(3)以临界底坡 i_k 为准，通过升降螺杆控制所需的底坡，观察各种形式的水面曲线。根据经验按下列顺序观察较为方便：

①将整个坡底调成负坡，即 $i<0$，观察 b、c 型水面曲线。

②将整个坡底调成平坡，即 $i=0$，观察 b_0、c_0 型水面曲线。

③将整个坡底调成缓坡，即 $i<i_k$，观察 a_1、b_1 型水面曲线。

④将整个坡底调成临界坡，即 $i=i_k$，观察 a_3、b_3 型水面曲线。

⑤将整个坡底调成陡坡，即 $i>i_k$（底坡调节幅度以曲线比较明显为宜），观察 a_2、c_2 型水面曲线。

⑥将实用堰模型取出，并将槽身上游的底坡调成缓坡（$i<i_k$），下游段调成陡坡（$i>i_k$），观察 b_1、b_2 型水面曲线。

五、思考题

(1)当改变槽中流量时，临界水深及临界坡底的数值是否发生变化？槽内水面曲线是否发生变化？

(2)当槽中流量不变时，槽中水面曲线的变化与什么因素有关？

实训四　水跃演示实验

一、演示目的和要求

(1)观察水跃现象,了解水跃的水流结构。

测定矩形平底明渠中,完整水跃的共轭水深和水跃长度,验证水跃理论。

(2)观察下游水深的变化对水跃现象的影响。

二、演示设备简述

玻璃水槽一座,上游设有薄壁水堰,槽上装有活动测针。

三、实验原理

假设 h' 为跃前水深,h'' 为跃后水深,h_t 是下游水深,l_J 是水跃长度。在矩形、平底、棱柱体明渠中,利用动量方程推导出水跃方程为:

$$\frac{Q^2}{gA} + h'A_1 = \frac{Q^2}{gA} + h''_c A_2$$

代入矩形断面条件得出了水跃的共轭水深公式:

$$h'' = \frac{h'}{2}(\sqrt{1 + 8Fr_1^2} - 1) \qquad \frac{h''}{h'} = \eta_{理}$$

则

$$\eta_{理} = \frac{1}{2}(\sqrt{1 + 8Fr_1^2} - 1) \tag{1}$$

$$Fr_1 = \frac{q}{\sqrt{gh^3}}$$

在整个推导过程中应用了三个假设:①不计水跃段的边壁阻力;②跃前断面和跃后断面都是渐变流断面;③$\beta_1 = \beta_2 = 1$。上述三个假设是否成立,共轭水深公式是否合理,需用实验加以验证。验证方法是:在不同流量下,实测共轭水深 h' 和 h'',用实测的 h' 计算 $Fr_1 = \frac{q}{\sqrt{gh^3}}$,令 $\frac{h''}{h'} = \eta_{理}$,点绘出 $\eta_{理} \sim Fr_1$ 关系曲线。用式(1)计算出 $\eta_{理}$ 来,点绘出 $\eta_{理} \sim Fr_1$ 理论关系曲线,并比较两者有何异同。

四、实验步骤

(1)熟悉实验设备,记录玻璃水槽宽度和量水堰顶标高。

(2)打开进水阀门,放水入槽,调整尾门使槽中泄水建筑物下游产生完整水跃,观察水跃现象,草绘水跃段水流流动图。

(3)待水流稳定后,测读上游量水堰水面测针读数,利用查图或计算求得流量。

(4)用活动测针测水跃的共轭水深 h' 和 h''。

(5)用钢尺测量水跃长度。

(6)改变流量,重复以上步骤,读记以上数据 5 ~ 10 次。

(7)列表计算并点绘出 $\eta_{理} \sim Fr_1$ 实测关系曲线,同时用共轭水深公式计算并点绘 $\eta_{理} \sim Fr_1$ 理论关系曲线,并进行对比。

(8)用经验公式计算水跃长度 l_J,并与实测长度 $l_{J实}$ 进行比较。

注意事项:

(1)由于水流紊动强度大,水跃位置前后摆动,跃前水深和跃后水深也随着紊动而变化,在测量时要观察一段时间,选取适当水跃位置,同时用粉笔在水槽玻璃上记下跃前、跃后断面的时均值,然后从玻璃上量取 h'、h''、l_J。

(2)由于水跃极其不稳定,特别是跃后断面水面波动厉害,施测 h'、h''时要测取中间位置,不要靠近槽壁;l_J 也应是中间位置的水跃长度。

五、结果分析与讨论

(1)观察的水跃水流结构如何?为什么水跃常作为泄水建筑物下游底流消能的一种形式?

(2)当流量一定,下游水深发生变化时,水跃位置是否也发生变化?为什么?

(3)当尾门开度一定,改变流量时,则水跃的共轭水深和水跃长度有无变化?为什么?

实训五 堰流实验

一、实验目的和要求

(1)实验自由出流条件下实用堰(或宽顶堰)流量系数 m 值的大小,点绘流量系数 m 值和堰上水头 H_0 之间的关系曲线,加深对 m 值影响因素的理解。

(2)测定堰流淹没系数,观察堰流从自由出流到淹没出流变化时的水流现象。

二、实验原理

(1)根据能量方程导出在无侧收缩自由出流时堰流的基本公式是:

$$Q = mb\sqrt{2g}H_0^{3/2}$$

所以

$$m = Q/(b\sqrt{2g}H_0^{3/2})$$

式中 Q——流量,可利用上游的薄壁堰来测量;

b——堰宽;

H_0——堰上全水头,$H_0 = H + \frac{v_0^2}{2g}$,$H$(堰上水头)在距离堰顶(3 ~4)$H$ 处测量,$v_0 = Q/A = Q/[b(H+P_1)]$,其中 P_1 为上游堰高。

(2)测定淹没系数 σ。

淹没出流状态下堰流公式为:

$$Q = \sigma mb\sqrt{2g}H_0^{3/2}$$

所以

$$\sigma = \frac{Q}{mb\sqrt{2g}H_0^{3/2}} = \frac{q}{m\sqrt{2g}H_0^{3/2}}$$

式中 q——单宽流量;

m——自由出流情况下实测的流量系数,可查 $H_0 \sim m$ 关系曲线得到;

H_0——淹没出流情况下堰上全水头。

三、实验步骤

(1)熟悉实验设备,测出量水堰堰顶测针读数实验堰堰宽、堰顶设计读数、上游堰高等数据。

(2)打开进水阀门,放水入槽,并调节尾门,保持自由出流,待水流稳定后分别测量量水堰和实验堰前(3 ~4)H 处的水面测针读数。

(3)从小到大依次改变流量,重复以上步骤,共做 6 ~8 次。

(4)测完最后一次后,调节尾门,改变下游水深,使堰流从自由出流缓慢向淹没出流过度,并注意观察堰上、下游水位的变化情况,对于宽顶堰,当$\frac{h_s}{H_0} \geqslant 0.8$ 时即为出流;对 WES 剖面的实用堰,当$\frac{h_s}{H_0} \geqslant 0.15$ 时即为淹没出流。

(5)当水流变为淹没出流时,读记该状态下堰上游水面测针读数和堰下游水面测针读数。

(6)列表计算,并点绘各种流量下的 $m \sim H_0$ 关系曲线,并分析 m 值随 H_0 的变化规律。

(7)在绘好的 $m \sim H_0$ 关系曲线上,根据淹没状态下的 H_0 查得 m,将淹没状态下的 m 和 H_0 代入公式 $\sigma = \frac{Q}{mb\sqrt{2g}H_0^{3/2}}$,计算得到 σ。

注意事项:

(1)实测堰流流量系数时从小到大依次改变流量,每次的改变量不要太大,尽量使每次的改变量大致相同。

(2)每改变一次流量,都要观察几分钟,待水流稳定后再测量。

(3)实测堰流流量系数时的最小流量不宜太小,要保持上游量水堰水舌脱离堰板,且保证被测的宽顶堰的 δ/H_0 比值大于0.67。

(4)实验时的流量也不宜过大,流量过大,水流容易外溅,且因强烈紊动而引起水面波动使测针读数不准。

(5)实测堰流的淹没系数时,应在大流量的情况下,保持来流固定,改变下游水深而形成淹没。

(6)下游尾门在实验时切勿完全关闭,以免引起水流外溢。

四、结果分析与讨论

(1)为什么量测堰上水头的断面要大致在堰前$(3 \sim 4)H$处?

(2)根据本实验,分析影响堰流流量系数 m 值大小的主要因素有哪些?

(3)当被测的堰流从自由出流转变为淹没出流时,可以观察出水流从什么地方开始发生淹没?

实训六　紊动机制演示实验

一、演示目的和要求

(1)演示紊动发生过程及异重流的流动过程。

(2)通过演示加深对水流运动结构的认识。

二、实验设备与装置

实验设备与装置如图1所示。

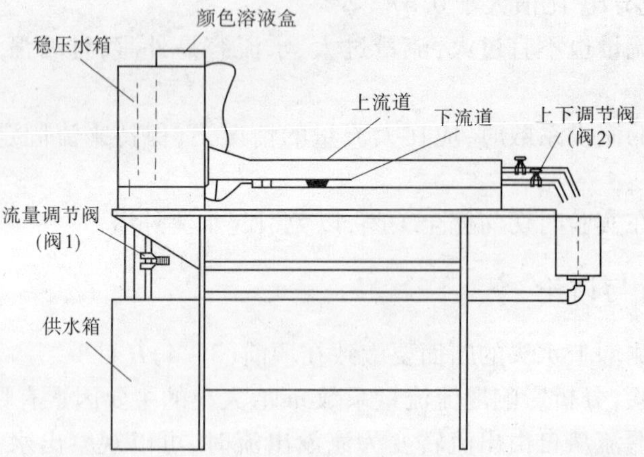

图1

设备由水泵、可控硅无级调速器、颜色水容器、颜色水调节阀、恒压水箱、染色液输液管、调节阀、取水管、混合器、上下层隔板、剪切流道显示面、排气阀、出水调节阀、分流管等组成。

实验时工作流体由自循环供水器分两路输出:一路经取水管输入混合器,与输液管输出的颜色水混合后呈紫红色液体,经整流后从隔板下侧流到剪切显示面流道;另一路由水箱稳流后,从隔板的上侧流到显示面流道,适度调节流量调节阀,使隔板上、下两股不同流速的水流形成在其交界面为间断面的汇合流。

三、实验原理

流体流动时存在着两种截然不同的流态,即层流与紊流。层流与紊流之间是可以相互转化的,其转化机制牵扯诸多因素,比较复杂。本实验应用带有颜色的液体与实验流体相互混合来演示紊流和层流的转化发生过程以及异重流的流动过程。

四、实验步骤

插上水泵电机电源,水泵启动,关闭颜色及尾部阀门,调节调速器旋钮,使流量减小,使得水箱水位不高于恒压水箱的中间隔板的顶高。此时仅由取水管单独向流道供水,使水体缓慢地充满下层流道,排除隔板下方滞留的气泡。如果一次操作不能排净气泡,则应反复操作。排净气泡后开大供水流量,并操作排气阀,排除流道上的气泡。打开调节颜色阀加注颜色水，使之与水充分混合。

（1）上下层界面呈平稳直线演示：将阀2全开，下层红色水流从此流出。调节阀1，使上层无色水流流速与下层流速相接近。若界面直线不稳，可适当减小下层流速 u_2，方法是减小阀1开度，减小下层水流流速大小，并适当关小阀2，使上、下层流速接近。由于上下层流速相同，界面流速差为零，因此界面清晰、平稳、呈一直线。

（2）波动形成与发展演示：调节阀1，适当增大上层流速 u_1，界面有明显的速度差，于是开始发生微小波动，继续增大阀1开度，则波动演示更加明显。

（3）波动转变为旋涡紊动演示：将阀1开到足够大时，波动失稳，波峰翻转，旋涡形成，界面消失，涡体的旋转运动使得上下层液体质点发生混掺，紊动发生。

（4）异重流实验：实验时在甲种溶液中加入一定比例的食盐或白糖来提高下层液体的密度，即可用来研究异重流的稳定性。

注意事项：

（1）严格按照操作步骤进行操作。

（2）实验时，流入水中的颜色水一定要适量，否则演示效果不好。

（3）隔板下方的气泡要排净。如果一次排不净，则反复操作，直到排干净。

五、结果分析与讨论

（1）紊流产生的两个必不可少的条件是什么？

（2）液体运动的流态与哪些因素有关？

（3）试叙述实际工程中所遇到的异重流运动现象。

实训七　水击综合演示实验

一、演示目的和要求

(1)了解水击原理及水击产生的原因,学习水击的利用。

(2)掌握水击的清除方法。

二、实验设备与装置

实验仪器由恒压水箱、供水管、调压筒、水击室、压力室、压力表、扬水机出水管、水击发生阀、逆止阀、水泵及集水箱等组成,如图1所示。

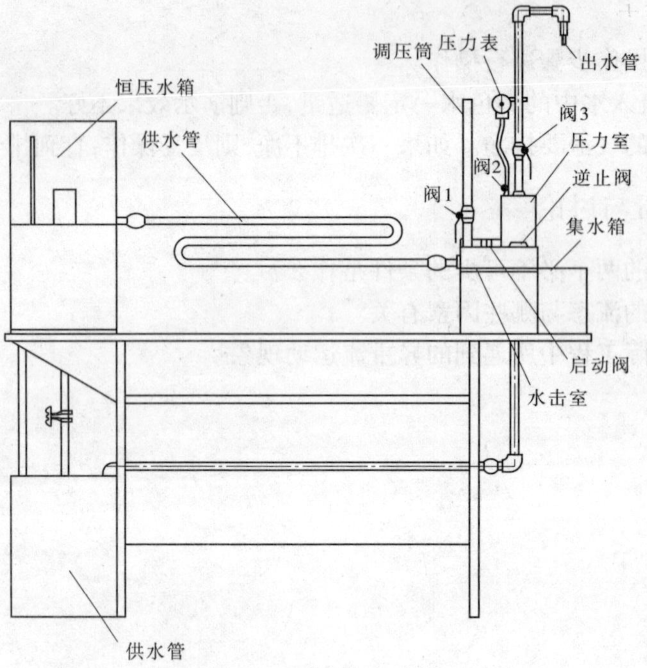

图1

三、实验原理

(一)水击的产生和传播

水泵把水送入恒压水箱中,产生溢流板。工作水流自水箱经供水管和水击室,通过水击发生阀的阀孔流出,回到集水箱。

当关闭阀1和阀2,触发启动阀时,水流通过启动阀,其冲击力使阀上移关闭而快速截止水流,因而在供水管的末端产生水击升压,使逆止阀克服压力室的压力而瞬时开启,水也随即注入压力室内,并可看到压力表随着产生的压力波动。然后,在进口传来的负水击作用下,水击室的压强低于压力室,使逆止阀关闭。同时,负水击又使启动阀下移而再次开启。通过启动阀和逆止阀的动作过程观察到水击波的来回传播变化现象。

这一动作过程既能观察到水击波的传播变化现象，又能使本实验仪保持往复的自动工作状态。启动阀和逆止阀不断地启闭，水击现象也就不断地重复发生。

(二)水击压强的观测

水击可在极短的时间内产生很大的压强，犹如重锤锤击管道一般，能造成管道的破坏。由于水击的作用时间短，升压大，通常需用复杂而昂贵的电测系统作瞬态测量，而本仪器用简便的方法可直接地量测出水击升压值，此法的测压系统是由逆止阀、压力室和气压表组成。由于逆止阀每次的启闭都能产生一次水击升压，向压力室内注入一定水量，因而压力室内的压力随水量的增加而增大，一直到其值与最大水击压强相等，水流再也注不进压力室时，可从压力表上读出压力室中的压强。

(三)水击的利用——水击扬水原理

由于启动阀每关闭一次，在水击室内就产生一次水击升压，逆止阀随之被瞬时开启，部分高压水被注入压力室，当阀3开启时，压力室的水便经出水管流向高处。由于水击连续多次发生，水流亦一次一次地不断注入压力室，因而源源不断地把水提升到高处，这正是水击扬水机的工作原理。

由于水击的升压可达几十倍的作用水头，因而若提高扬水机出水管的高度，水击扬水机的扬程也可相应提高，但出水量会随着高度的增加而减小。

(四)水击危害的消除，调压筒(井)工作原理

如上所述，水击有可利用的一面，但更多的是它对工程具有危害性的一面，例如水击有可能使输水管爆裂。为了消除水击的危害，常在阀门附近设置减压阀或调压筒(井)、气压室等设施。本仪器设有由阀1和调压筒组成的水击消减装置。

实验时全关阀3，全开阀1，然后触发启动阀，由压力表可见此时水击升压减小，其值仅为阀1关闭时峰值的1/3。同时，该装置还能演示调压系统中的水位波动现象。当启动阀开启时，调压筒中水位低于供水箱水位(以下称库水位)，而当启动阀突然关闭时，调压筒中水位很快壅高并且超过库水位，并出现和竖立U形水管中水体摆动现象性质相同的振荡，上下波动的幅度逐次衰减，直至静止。

由于设置了调压筒，在启动阀全开下的定常流时，调压筒中维持低于库水位的固定自由水面。当启动阀突然关闭时，供水管中的水流因惯性作用继续向下流动，流入调压筒，使其水位上升，一直上升到高出库水位的某一最大高度后才停止。这时全管流速等于零，流动处于暂时停止状态，由于调压筒水位高于库水位，故水体作反向流动，从调压筒流向水库。又由于惯性作用，调压筒中的水位逐渐下降，至低于库水位，直到反向流速等于零。此后，供水管中的水流又开始流向调压筒，调压筒中的水位再次回升。这样，伴随着供水管中水流的往返运动，调压筒中水位也不断上下波动，这种波动由于供水管和调压筒的阻力作用而逐渐衰减，最后调压筒水位稳定在正常水位。

设置调压筒后，在过流量急剧改变时仍有水击发生，但调压筒的设置建立了一个边界条件，在相当大程度上限制或完全制止了水击向上游传播。同时，水击波的传播距离因设置调压筒而大为缩短，这样既能避免直接水击的发生，又加快了减压波返回，因而使水击压强峰值大为降低，这就是利用调压筒消减水击危害的原理。

四、实验步骤

(1)水泵通电向恒压水箱供水。

(2)恒压水箱溢流后,打开阀1排出空气。全开阀3,全关阀1,快速向下推开水击启动阀,逆止阀就会自动地往复上下运动,时开时闭而发生水击,并演示水击扬水。

(3)关闭阀3后观察压力表的读数,测量水击压强。

(4)全关阀3、全开阀1进行调压筒实验。

五、结果分析与讨论

(1)水击原理和水击产生的原因是什么?

(2)水击的消除方法有哪些?

实训八　各种边界条件流动演示实验

一、演示目的和要求

(1)观察各种几何边界条件下产生的旋涡现象，搞清旋涡产生的原因与条件。

(2)通过对各种边界下旋涡强弱的观察，分析比较局部损失的大小。

(3)观察绕流现象、分离点及卡门涡街现象。

(4)清晰鲜明地显示出流体在特定边界流场中流动的多种流动图谱，为了解、设计、改进流道和设计流体元器件提供直接依据。

二、演示装置与内容

该演示仪(如图1所示)是以空气气泡为示踪介质，以狭缝过流道为特定边界流场，用以显示内流、外流等多种流动图谱。水在半封闭状态下受水泵的驱动自蓄水箱经掺气后流经显示板，形成无数小气泡，小气泡相对水流流动的跟随性达到一致。仪器内日光灯照射到显示板上，使小气泡发出明亮的折射光，在后盖底板衬托下，清楚地显示出小气泡随水流流动的迹象。

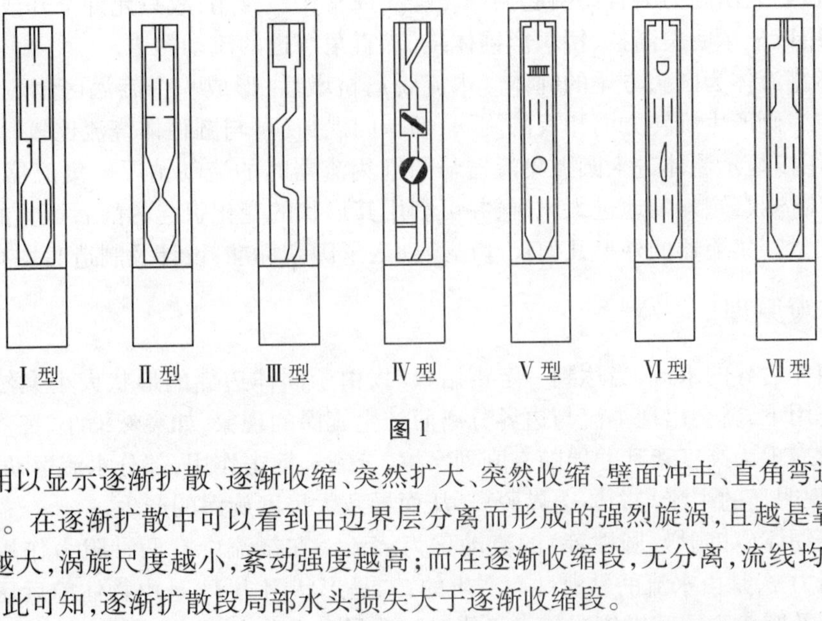

图1

Ⅰ型：用以显示逐渐扩散、逐渐收缩、突然扩大、突然收缩、壁面冲击、直角弯道等平面上的流动图像。在逐渐扩散中可以看到由边界层分离而形成的强烈旋涡，且越是靠近上游喉颈处，流速越大，涡旋尺度越小，紊动强度越高；而在逐渐收缩段，无分离，流线均匀收缩，亦无旋涡。由此可知，逐渐扩散段局部水头损失大于逐渐收缩段。

在突然扩大段出现较大的旋涡区，而突然收缩段只在死角处和收缩断面后的进口附近出现较小的旋涡区，表明突扩段比突缩段有较大的局部水头损失(缩扩的直径比大于0.7时例外)，而且突缩段的水头损失主要发生在突缩断面后部。

在直角弯道和壁面冲击段，也有多处旋涡区出现。尤其在弯道流中，流线弯曲更剧烈，越靠近弯道内侧，流速越小，且在近内壁处出现明显的回流，所形成的回流范围较大，将此与圆角转弯流动对比，直角弯道旋涡大，回流更加明显。

Ⅱ型：用以显示文丘里流量计、孔板流量计、圆弧进口管嘴流量计以及壁面冲击、圆弧形弯道等串联流道纵剖面上的流动图像。

由显示可见，文丘里流量计的过流顺畅，流线顺直，无边界层分离和旋涡产生。孔板流量计的过流阻力较大，在孔板前，流线逐渐收缩，汇集于孔板的孔口处，只在拐角处有小旋涡出现，孔板后的水流逐渐扩散，并在主流区的周围形成较大的旋涡区。由此可知，孔板流量计的过流阻力较大；圆弧进口管嘴流量计入流顺畅，管嘴过流段上无边界层分离和旋涡产生；在圆形弯道段，流线较顺畅，与直角弯道比较，旋涡发生少。在弯道的内侧，边界层分离及分离点清晰可见。边界层分离后，产生回流形成旋涡。

Ⅲ型：用以显示30°弯头、直角圆弧弯头、直角弯头、45°弯头以及非自由射流等流段纵剖面上的流动图像。

由显示可见，在每一转弯的后面，都因边界层分离而产生旋涡。转弯角度不同，旋涡大小、形状各异。在圆弧转弯段，流线较顺畅，该串联管道上还显示了局部水头损失叠加影响的图谱，流动形态错综复杂。在非自由射流段，射流离开喷口后，不断卷吸周围的流体，形成射流的紊动扩散。在此流段上还可看到射流的“附壁效应”现象。

Ⅳ型：用以显示30°弯头、分流、合流、45°弯头、球阀及蝶阀等流段纵剖面上的流动图谱。

由显示可见，在转弯、分流、合流等过流段上，有不同形态的旋涡出现。合流旋涡较为典型，明显干扰主流，使主流受阻。球阀半开，尾部旋涡区较大，水头损失也大。蝶阀半开时，尾涡紊动激烈，表明阻力大且易引起振动。蝶阀通常作检修用，故只允许全开或全关。

Ⅵ型：用以显示明渠渐扩、桥墩形钝体绕流、直角弯道的流动图谱。

桥墩形绕流体为圆头方尾的钝体。水流脱离桥墩后，形成一个旋涡区尾流。在紊动区不断交替在二侧产生旋转方向相反的旋涡，即卡门涡街（可与圆柱体绕流比较）。

Ⅶ型：用以显示流体进入圆弧集流器与圆锥集流器时的流动情况。集流器多安装于风洞进口，使流体收敛、均匀地进入风洞，并可利用其形状的变化引起的前后压差的变化，作进口流量的测量。集流器的外形几何尺寸已经列入了国家标准，设计及制造时均有参照。

三、实验原理

流经固体边界的水流，当达到一定雷诺数时，由于固体边界的形状大小突然发生变化，在惯性的作用下，就会出现主流与边界分离而产生旋涡的现象，如突然缩小、突然扩大、孔板等。水流常表现为高度紊乱并伴随有剧烈摩擦、分裂和撞击作用，部分水流运动的连续性遭受破坏，出现明显的主流与固体边界脱离，从而导致大尺度旋涡的产生。

水流绕物体（如闸墩、圆柱等）的流动称为绕流。在绕流中有两种阻力作用于物体上：一是摩擦阻力 τ，是由水流的黏滞性而产生的；二是形状阻力 P，是由物体前后压差形成的，如圆柱绕流及圆头方尾闸墩绕流。由于绕流时边界发生分离，在圆柱后面产生旋涡，并产生分离点，边界层分离点的位置随物体形状、表面粗糙度及流速大小而变。旋涡的产生使绕流物体后部压力小于前部压力，形成前后压差，增加了水流对物体的作用力。绕流阻力的大小用下列公式表示：

$$F_D = C_D A \gamma u_0^2 / 2g$$

式中 C_D——绕流阻力系数，是被绕流物体的形状和水流状况的函数，由实验测定；

A——被绕物体垂直水流方向的投影面积；

u_0——水流未受绕流影响以前的速度；

γ——水的容重。

四、结果分析与讨论

(1)试述文丘里流量计、孔板流量计及圆弧进口管嘴流量计各自的特点及其用途。

(2)为什么急变流槽段测压管不按静水压强规律分布?

(3)短管局部水头损失是否等于各单个局部水头损失之和？为什么?

(4)处于流场中的绕流体为何会产生振动？为什么振动方向和来流方向垂直?

(5)为什么圆柱绕流频率可由公式计算而非圆柱绕流频率一般不能计算?

实训九　空化机制演示实验

一、演示目的和要求

(1)观察由仪器所演示的空化的发生和演变、流道体型对空化的影响及常温下水的沸腾现象。

(2)通过演示加深对空化和空蚀现象的认识理解。

二、实验设备与装置

实验装置如图1所示,是小型化的自循环空化机制实验仪。它具有自循环供水箱,在自循环供水箱内设有潜水泵,自循环供水箱上布置流道显示柜,流道显示柜内设有文氏型空化显示流道、渐缩空化显示流道、矩形闸门槽空化显示流道,流道显示柜上部设有排气阀,潜水泵出水口通过多个上水管分别连接流道显示柜内各流道,上水管上设置流量调节阀,流道显示柜尾部设置下水管连接自循环供水箱,渐缩空化显示流道缩窄处设有测压点,测压点与空化杯上的管嘴用连通管连接,空化杯上的另一个管嘴与真空表用连通管连接,空化杯顶部装有连接短管。

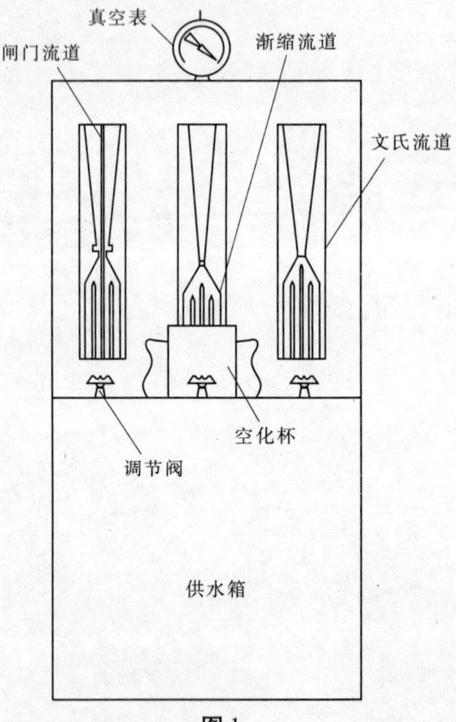

图1

三、实验原理

在液体流动的局部区域,由于流速过高,或边界分离,均会导致压强降低,以至于降低到液体内部出现气体(或蒸汽)空泡或空穴,这种现象称为空化(也叫气穴)。空化现象发生后，液流的连续性遭到了破坏。气体空泡随液体一起向下游运动，当压强增加到一定程度时，液体会以极高的速度向空泡内运动，气泡溃灭从而引起附近的固体边界的剥蚀破坏（称作空蚀或气蚀），并产生噪声、结构振动、机械效率降低等。本实验利用高速水流通过流道改变区域时将产生压强变化的原理来演示空化现象。

四、实验步骤

实验时向供水箱注入 40 kg 的清洁水。三个阀门全开，接通电源，即可进行实验。由于泵的供水压力较大，不允许在两阀全关（或接近全关）而另一阀全开（或接近全开）的情况下运行，以防水压过高，损坏流道。

（一）空化现象的演示

在流道 1、2、3 三个阀门全开的条件下启动水泵，可以看到在流道 1、2 的喉部和流道 3 的闸门槽处出现乳白色雾状空化云，这就是空化现象，同时可以听到由空化区发出的空化噪声。空化区的负压（或真空）相当大，其真空度可由真空表（与流道 2 的喉颈处测压点相连）读出。最大真空可达 10 m 水柱（98 kPa）以上。

根据仪器显示的空化区域分析实验可知，容易发生空化的部位是：高速液流边界突变的流动分离处，如水利工程中的深孔进口、溢流坝面、闸门槽、分叉管、施工不平整处，以及动力机械中的水轮机、涡轮机、水泵和螺旋桨叶片的背面以及鱼雷的尾部等。

（二）空化机制

流动液体（以水为例）在标准大气压下，当温度升高至 100 ℃时沸腾，水体内产生大小不一的气泡，这就是空化；而当压强小于水在此温度下的汽化压强时，水就要产生空化。先向空化杯中注入半杯温水，压紧橡皮塞盖，然后与管嘴（杯两侧各一只）接通。在喉管负压作用下，空化杯内的空气被吸出。真空表读数随之增大。当真空度接近 10 m 水柱时，杯中水就开始沸腾。这是常温水在低压下发生空化的现象。

（三）流道体型对空化的影响

这种影响可以从流道 2 与流道 3 的空化对比中看出。在阀门开关相同的条件下，流道 3 的空化比流道 2 严重。表现前者初生空化数大于后者初生空化数。这也可以从两种体型闸槽的空化中看出，流道 1 左、右分别设有矩形槽和下游具有斜坡的流线型槽。实验表明，在同等流量条件下，前者空化程度远大于后者。

由此可知，流道体型对空化影响极大，是引发空化的重要条件之一。因此，为防止空化发生，应使坝面尽量光滑平整，流道体型尽量流线型化。

注意事项：

（1）严格按照操作步骤进行实验。

（2）空化杯中的温水不能用冷开水或蒸馏水等，而只能用新鲜自来水，并在每次实验前更换新鲜水，以保证空化沸腾时的显示效果。

五、结果分析与讨论

（1）试述实际工程中所产生的空化和空蚀现象。

（2）为什么在每次实验时空化杯中要注入新鲜自来水？用冷开水或蒸馏水能否观察到空化沸腾现象？为什么？

实训十　液体流线演示实验

一、演示目的和要求

使带有泡沫的变压器油加在油槽中，经过导叶栅后形成许多平行的流线，以观察其绕经不同固体壁面的变化。

二、演示原理

液体流线仪使研究液体射流在容器出口和管道不同的流线变化，特别是当管道中的突扩、突收而发生流线的扭曲现象和旋涡、死区等。

另外，根据教学的需要可以自行补充模型，以观察流线在绕经不同固体壁面时的变化。

三、演示步骤

(1)接通三相电源。

(2)开始时油箱中可多放些油，开动油泵后，用烧杯在后面不断把油接走，直到流线清晰。

(3)根据流线的变化，可以调节油管的阀门。

(4)实验模型任意组合和更换。

第二部分　量测实验

实训一　动量方程

一、实验目的和要求

通过以下两种方法验证恒定流动量方程：

(1)射流对水箱的反作用。

(2)射流对平板的作用力。

二、实验设备与装置

实验设备与装置如图 1 所示。

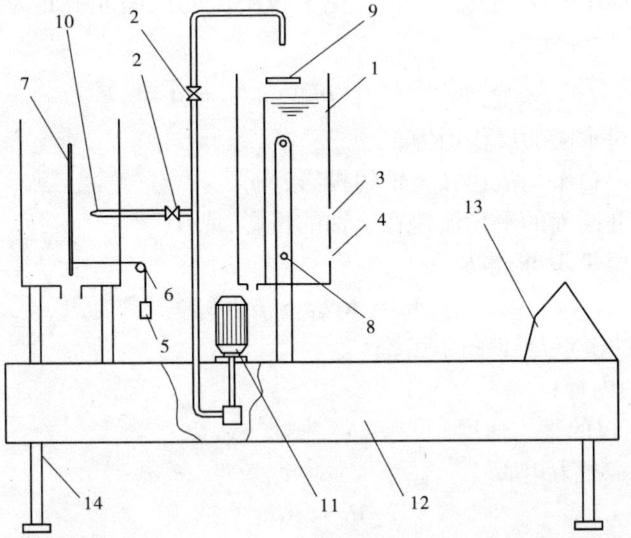

1—实验水箱；2—控制阀门；3—高位水孔；4—低位水孔；5—砝码；6—转动轴承；7—挡板；8—固定插销；9—水平仪；10—喷嘴；11—水泵；12—水箱；13—挡水板；14—实验台支架

图 1

三、实验原理

(一)射流对水箱的反作用力原理

以水箱水面Ⅰ—Ⅰ、出口断面Ⅱ—Ⅱ及箱壁为控制面，对 x 轴列动量方程：

$$\sum F_x = R_x = \rho Q(\alpha_{02} v_{2x} - \alpha_{01} v_{1x})$$

式中　R_x——水箱对水流的反作用；

ρ——水的密度；

Q——流量；

α_{02}、α_{01}——动量修正系数，取1；

v_{2x}——水箱水面的平均流速在 x 轴的投影，取0；

v_{1x}——出口断面的平均流速在 x 轴的投影。

由对转轴计算力矩 M 求得 R_x：

$$M = R_x L = \rho Q v L$$

式中 L——出口中心至转轴的距离；

d——出口直径；

v——出口流速。

移动平衡砝码得到实测力矩 M_0：

$$M_0 = G\Delta S$$

式中 G——平衡砝码重力；

$\Delta S = S - S_0$，S_0 为未出流时（静态）平衡砝码至转轴的距离，S 为出流时（动态）砝码至转轴的距离。

（二）射流对平板的作用力原理

取喷嘴出口断面Ⅰ—Ⅰ、射流表面，以免平板出流的截面Ⅱ—Ⅱ为控制面，对 x 轴列动量方程：

$$\sum F_x = R_x = \rho Q(\alpha_{02} v_{2x} - \alpha_{01} v_{1x})$$

式中 R_x——平板对水流的反作用力；

v_{2x}——喷嘴出口平均流速在 x 轴的投影；

v_{1x}——Ⅱ—Ⅱ断面的平均流速在 x 轴的投影，取0。

由对转轴计算力矩 M 求得 R_x：

$$M = R_x L_1 = \rho Q v L_1$$

式中 L_1——水流冲击点至转轴的距离；

d——喷嘴的内径；

v——喷嘴出口的平均速度。

添加砝码得到实测力矩 M_0：

$$M_0 = G L_2$$

式中 G——砝码重力；

L_2——砝码作用点到转轴的距离。

四、实验步骤

（一）射流对水箱的反作用

（1）开启进水阀门，将水箱充满水，关小阀门，使之保持较小溢流。

（2）拔出插销，移动砝码，使水平仪水平，记下此时（静态）砝码的位置 S_0。

（3）插上插销，将出口转至高空位置。调节阀门，使之仍保持较小溢流。

（4）拔出插销，移动砝码，使水平仪水平，记下此时砝码的位置 S。

（5）用体积法测量流量，计算流速。

注意事项：

(1)调节前,必须将插销插上。

(2)拔出插销后,应用手托扶水箱,以免摆动过大损坏仪器。

(二)射流对平板的作用力

(1)在拉链端部加质量为50 g的砝码,然后开启并调节阀门,使平板保持垂直位置,记下砝码位置,用体积法测流量。

(2)改变砝码质量,重复步骤(1)。

注意事项：

(1)应缓慢开启和调节阀门。

(2)注意单位换算。

五、实验数据记录与计算

(一)水箱法

仪器编号:____________

仪器常数:$d=$ ________ cm,$S_0=$ ________ m,$G=$ ________ N

类别	次序	S (m)	$\Delta S=S-S_0$ (m)	$M_0=G\Delta S$ (N·m)	V (m^3)	t (s)	Q (m^3/s)	v (m/s)	$R_{x1}=\rho Qv$ (N)	$M=R_xL_1$ (N·m)	$\frac{M_0}{M}$ (%)
高孔	1										
	2										
低孔	1										
	2										

(二)平板法

仪器编号:____________

仪器常数:$d=$ ________ cm,$L_1=$ ________ m,$L_2=$ ________ m

次序	G (N)	$M_0=GL_2$	V (m^3)	t (s)	Q (m^3/s)	v (m/s)	$R_{x1}=\rho Qv$ (N)	$M=R_xL_1$ (N·m)	$\frac{M_0}{M}$ (%)
1									
2									
3									

实训报告一　动量方程

日期：　　　　班级：　　　　组别：　　　　姓名：　　　　学号：

一、水箱法

仪器编号：__________

仪器常数：$d=$ ______ cm，$S_0=$ ______ m，$G=$ ______ N

类别	次序	S (m)	$\Delta S=S-S_0$ (m)	$M_0=G\Delta S$ (N·m)	V (m^3)	t (s)	Q (m^3/s)	v (m/s)	$R_{x1}=\rho Qv$ (N)	$M=R_xL_1$ (N·m)	$\frac{M_0}{M}$ (%)
高孔	1										
	2										
低孔	1										
	2										

二、平板法

仪器编号：__________

仪器常数：$d=$ ______ cm，$L_1=$ ______ m，$L_2=$ ______ m

次序	G (N)	$M_0=GL_2$	V (m^3)	t (s)	Q (m^3/s)	v (m/s)	$R_{x1}=\rho Qv$ (N)	$M=R_xL_1$ (N·m)	$\frac{M_0}{M}$ (%)
1									
2									
3									
4									
5									
6									

实验总结

实训指导老师评语和成绩评定：

成绩：　　　　指导老师签名：

年　　月　　日

实训二　毕托管测速

一、实验目的和要求

(1)了解毕托管测速的构造和测速原理,掌握用毕托管测量流速的方法。

(2)测定管嘴淹没出流的测点流速和流速系数。

二、实验设备简述

实验台由实验桌、自循环供水箱、水位调节阀、稳压水箱、淹没管嘴、毕托管、滑轨、尾水箱、测压管、滑动测尺等组成。

三、实验原理

(一)毕托管测速公式

$$u = C\sqrt{2g\Delta h}$$

式中　u——毕托管测点处的点流速;

C——毕托管的校正系数;

Δh——毕托管总水头与测压管水头差。

(二)管嘴出流速度公式

$$u = \varphi\sqrt{2g\Delta H}$$

式中　u——测点处流速,由毕托管测定;

φ——测点流速系数;

ΔH——管嘴的作用水头。

四、实验步骤

(1)熟悉实验装置各部分的名称、作用性能和毕托管的构造特征及实验原理,并测记各有关的常数和实验参数,填入实验表格。

(2)用软胶管将上、下游水箱的测点分别与测压计中的测管相连通,将毕托管对准管嘴,距离管嘴出口处约3 cm,在滑轨上进行固定。

(3)开启水泵,将流量调节至最大。待上、下游溢流后,及时排除毕托管及连通管中的气体,方可进行实验。

(4)操作调节阀并调节上水阀,使溢流适中,即改变流速,可获得三种不同的恒定水位与相应流速,做不同工况的实验操作。

(5)分别沿纵向和垂向改变测点位置,观察管嘴淹没射流的流速分布。

(6)在有压管道测量中,当管道直径为毕托管的直径6~10倍以内时,测量误差将在2%~5%。实验时可将毕托管的头部伸入管嘴中,进行验证。

(7)将实验记录和计算填入表格,写出实验报告。

五、数据记录与计算

实验装置台号 No.________ 校正系数 $c=$________，$k=$________ $cm^{0.5}/s$

实验次序	上、下游水位差(cm)			毕托管水头差(cm)			测点流速 $u=k\sqrt{\Delta h}$ (cm/s)	测点流速系数 $\varphi'=c\sqrt{\Delta h/\Delta H}$
	h_1	h_2	ΔH	h_3	h_4	Δh		
1								
2								
3								
4								

六、结果分析与讨论

(1)利用测压管测量压强时，为什么要排气？怎样才能知道气已经排净？

(2)毕托管的动压头和上、下游的水位差的大小关系怎样？为什么？

(3)测出的流速系数说明了什么？

(4)改变纵向和垂向测点位置时，管嘴淹没射流的流速分布如何？

实训报告二　毕托管测速

日期：　　　　　班级：　　　　　组别：　　　　　姓名：　　　　　学号：

实验装置台号 No.________　校正系数 $c=$________，$k=$________ $cm^{0.5}/s$

实验次序	上、下游水位差(cm)			毕托管水头差(cm)			测点流速 $u=k\sqrt{\Delta h}$ (cm/s)	测点流速系数 $\varphi'=c\sqrt{\Delta h/\Delta H}$
	h_1	h_2	ΔH	h_3	h_4	Δh		
1								
2								
3								
4								
5								
6								
7								
8								
9								
10								

实验总结

实训指导老师评语和成绩评定：

成绩：　　　　指导老师签名：

年　月　日

实训三　雷诺数实验

一、实验目的和要求

(1)观察液体在不同流动状态时流体质点的运动规律。

(2)观察流体由层流变紊流及由紊流变层流的过渡过程。

(3)观察液体在圆管中流动时的下临界雷诺数 Re_{c2}。

二、实验设备与装置

实验设备与装置如图1所示。

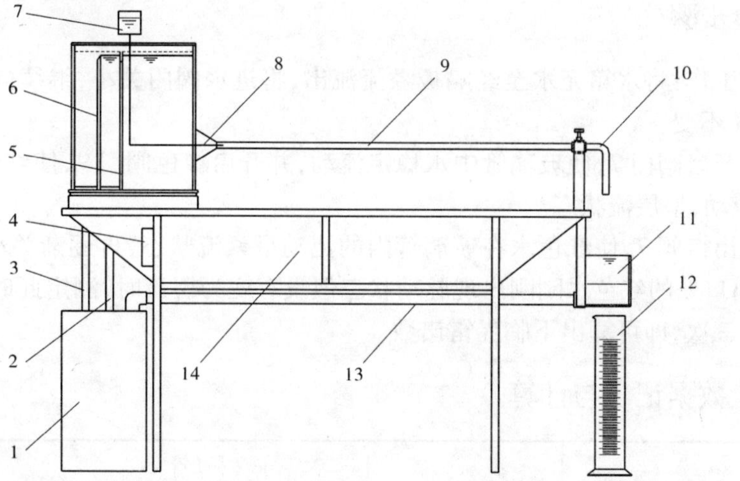

1—水箱及潜水泵;2—上水管;3—溢流管;4—电源;5—整流栅;6—溢流板;7—墨盒;
8—墨针;9—实验管;10—调节阀;11—接水箱;12—量杯;13—回水管;14—实验桌

图1

三、实验原理

流体在管道中流动,由两种不同的流动状态,其阻力性质也不同。在实验过程中,保持水箱中的水位恒定,即水头 H 不变。如果管路中出口阀门开启较小,在管路中就有稳定的平均速度 v,微启红色水阀门,这时红色水与自来水同步在管路中沿轴线向前流动,红色水是一条红色直线,其流体质点没有垂直于主流方向的横向运动,红色直线没有与周围的液体混杂,层次分明地在管道中流动。此时,在流速较小而黏性较大和惯性力较小的情况下运动,出现相互交换的现象,流体的流动呈临界状态。如果将出口阀门继续开大,出现流体质点的横向脉动,使红色线完全扩散与自来水混合,此时流体的流动状态为微紊流运动。

雷诺数

$$Re = \frac{vd}{\nu}$$

根据连续方程:

$$Av = Q, v = \frac{Q}{A}$$

流量 Q 用体积法测出，即在 Δt 时间内流入计量水箱中流体的体积 ΔV。

$$Q = \frac{\Delta V}{\Delta t}$$

$$A = \frac{\pi d^2}{4}$$

式中 A——管路的横截面面积；

d—管路直径；

v—流速；

ν—水的黏度。

四、实验步骤

(1)准备工作：将水箱充水至经隔板溢流流出，将进水阀门关小，继续向水箱供水，以保持水位高度 H 不变。

(2)缓慢开启阀门7，使玻璃管中水稳定流动，并开启红色阀门9，使红色水以微小流速在玻璃管内流动，呈层流状态。

(3)开大出口阀7，使红色水在玻璃管内的流动呈紊流状态，再逐渐关小出口阀门7，观察玻璃管中出口处的红色水刚刚出现脉动状态但没有变为层流时，测定此时的流量。

(4)重复三次，即可算出下临界雷诺数。

五、实验数据记录与计算

次序	$\Delta V(m^3)$	$t(s)$	$Q(m^3/s)$	$v_c(m/s)$	Re_{c2}
1					
2					
3					
4					
5					
6					

$d =$ mm　　水温 = ℃　　$Re_{c2} = \frac{v_c d}{\nu}$

实训报告三　雷诺数

日期：　　　　班级：　　　　组别：　　　　姓名：　　　　学号：

仪器编号：________　$d=$ ________ mm　水温 = ________ ℃　$Re_{c2}=\frac{v_c d}{\nu}$

次序	$\Delta V(m^3)$	$t(s)$	$Q(m^3/s)$	$v_c(m/s)$	Re_{c2}
1					
2					
3					
4					
5					
6					
7					
8					
9					
10					

实验总结

实训指导老师评语和成绩评定：

成绩：　　　　指导老师签名：

年　月　日

实训四　沿程水头损失实验

一、实验目的和要求

(1)加深了解圆管层流和紊流的沿程损失随平均流速变化的规律,绘制 $\lg v \sim \lg h_f$ 曲线。

(2)掌握管道沿程阻力系数的量测技术和应用压差计的方法。

(3)将测得的 $Re \sim \lambda$ 关系值与莫迪图对比,分析其合理性,进一步提高实验成果分析能力。

二、实验设备与装置

本装置包括下水箱、自循环水泵、供水阀、稳压筒、实验管道、流量调节阀,由计量水箱、回水管、压差计等组成(见图1)。实验时应将稳压筒、胶管及压差计内的空气排出,接通电源水泵启动,全开供水阀,逐次开大流量调节阀,每次调节流量时,均需稳定 2 ~ 3 min,流量愈小,稳定时间愈长;测流量时间不小于 8 ~ 10 s;测流量的同时,需测记压差计、温度计(自备,应挂在水箱中)读数。三根实验管道管径不同,应分别做实验。

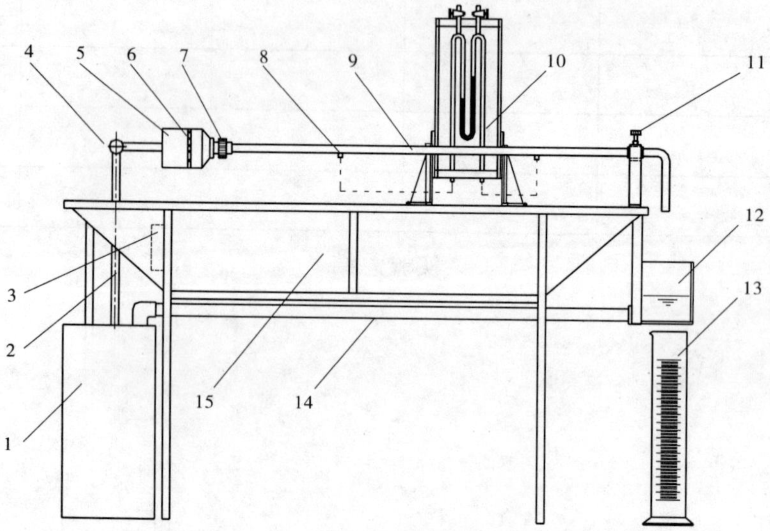

1—水箱(内置潜水泵);2—供水管;3—电器开关;4—供水分配管;5—稳压筒;6—整流栅板;
7—更换活结;8—测压嘴;9—实验管道;10—差压计;11—调节阀门;
12—调整及计量水箱;13—量筒;14—回水管;15—实验桌

图 1

三、实验原理

由达西公式

$$h_f = \lambda \frac{L}{d} \frac{v^2}{2g}$$

得
$$\lambda = \frac{2gdh_f}{Lv^2} = \frac{2gdh_f}{L\left(\frac{4Q}{\pi d^2}\right)^2} = kh_f/Q^2$$

另由能量方程对水平等直径圆管可得

$$h_f = \frac{P_1 - P_2}{\gamma}$$

对于多管式水银压差，有下列关系

$$h_f = (P_1 - P_2)/\gamma_w = (\gamma_m/\gamma_w - 1)(h_2 - h_1 + h_4 - h_3) = 12.6\Delta h_m$$
$$\Delta h_m = h_2 - h_1 + h_4 - h_3$$

四、实验步骤与要求

(1)有关常数：圆管直径 $d =$ ________ cm，测量段长度 $L =$ ________ cm(要求学生实测)。

(2)记录及计算。

(3)绘图分析：绘制 $\lg v \sim \lg h_f$ 曲线，并确定指数关系值 m 的大小。在厘米纸上以 $\lg v$ 为横坐标，以 $\lg h_f$ 为纵坐标，点绘所测的 $\lg v \sim \lg h_f$ 关系曲线，根据具体情况连成一段或几段直线。

(4)求厘米纸上直线的斜率，$m = (\tan h_{f2} - \tan h_{f1})/(\tan\mu_2 - \tan\mu_1)$，将求得的 m 值与已知各流速的 m 值(即层流 $m = 1$，光滑管流区 $m = 1.75$，粗糙管紊流区 $m = 2.0$，紊流过渡区 $1.75 < m < 2.0$)进行比较，确定流区。

五、数据记录

常数 $k = \frac{\pi^2 d^5 g}{8L} =$ ________ cm^5/s^2。

实训报告四　沿程水头损失

日期：　　　　班级：　　　　组别：　　　　姓名：　　　　学号：

仪器编号：________　　常数 $k=\frac{\pi^2 d^5 g}{8L}= =$ ________ cm^5/s^2

次序	体积 (cm^3)	时间 (s)	流量 Q (cm^3/s)	流速 v (cm/s)	水温 (℃)	黏度 ν (cm^2/s)	雷诺数 Re	压差计 (cm)		沿程损失 h_f (cm)	沿程损失系数 λ	$Re<2\,320$ $\lambda=\frac{64}{Re}$
								h_1	h_2			
1												
2												
3												
4												
5												
6												
7												
8												
9												

实验总结

实训指导老师评语和成绩评定：

成绩：　　　　指导老师签名：

年　　月　　日

实训五　沿程水头损失与流速的关系

一、实验目的和要求

(1)验证沿程水头损失与平均流速的关系。

(2)对照雷诺实验,观察层流和紊流两种流态及其转换过程。

二、实验设备与装置

实验设备与装置如图 1 所示。

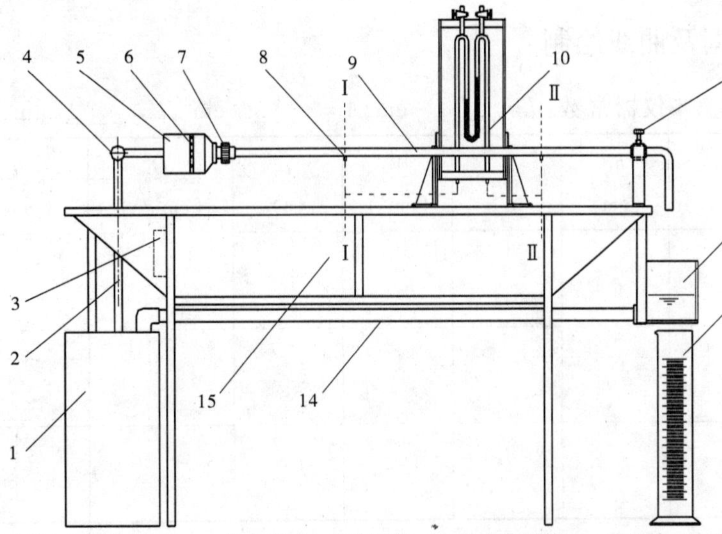

1—水箱(内置潜水泵);2—供水管;3—电器开关;4—供水分配管;5—稳压筒;6—整流栅板;7—更换活结;8—测压嘴;9—实验管道;10—差压计;11—调节阀门;12—调整及计量水箱;13—量筒;14—回水管;15—实验桌

图 1

三、实验原理

如图 1 所示,取Ⅰ、Ⅱ两断面,其能量方程为:

$$Z_1 + \frac{P_1}{\rho g} + \frac{\alpha_1 v_1^2}{2g} = Z_2 + \frac{P_2}{\rho g} + \frac{\alpha_2 v_2^2}{2g} + h_w$$

因实验管段水平,且为均匀流动:

因为　$$Z_1 = Z_2 \quad d_1 = d_2 \quad v_1 = v_2 \quad h_w = h_f$$

得　$$h_f = \frac{P_1}{\rho g} - \frac{P_2}{\rho g} = \Delta h$$

式中　h_w——测压管水头差即为沿程水头损失。

由上式求得沿程水头损失,同时根据实测流量计算平均流速 v,将所得 h_w、v 数据点绘在对数坐标纸上,就可以确定沿程水头损失与流速的关系。

四、实验步骤

(1)开启调节阀门,测读测压计水面差。

(2)用体积法测量流量,并计算出平均流速。

(3)将实测的 h_w 与计算得出的 v 值标入对数坐标纸内,绘出 $\lg h_f \sim \lg v$ 关系曲线。

(4)调节阀门逐次由大关小,共测 10 次。

注意事项:

(1)由于实验所用仪器为多功能实验装置,为避免测压管间的相互影响,所以要求在做实验时只打开需要的测压管,其余关闭。

(2)为提高精度,后四组实验中,每组减小测压管水面差控制在 1 cm 左右。

五、实验数据及曲线绘制

仪器编号:______　　仪器常数:d = ______ cm,A = ______ cm^2,L = ______ m,T = ______ ℃

次序	h_1 (cm)	h_2 (cm)	h_f (cm)	$\lg h_f$	V (cm^3)	t (s)	Q (cm^3/s)	v (cm/s)	$\lg v$
1									
2									
3									

(对数坐标)

实训报告五　沿程水头损失与流速的关系

日期：　　　　班级：　　　　组别：　　　　姓名：　　　　学号：

仪器编号：____________

仪器常数：d = ________ cm，A = ________ cm^2，L = ________ m，T = ________ ℃

次序	h_1 (cm)	h_2 (cm)	h_f (cm)	$\lg h_f$	V (cm^3)	t (s)	Q (cm^3/s)	v (cm/s)	$\lg v$
1									
2									
3									
4									
5									
6									
7									
8									
9									
10									

实验总结

实训指导老师评语和成绩评定：

成绩：　　　　指导老师签名：

年　　月　　日

（对数坐标）

实训六　沿程阻力系数的测定

一、实验目的和要求

(1)测定不同雷诺数 Re 时的沿程阻力系数 λ。
(2)掌握沿程阻力系数的测定方法。

二、实验设备与装置

实验设备与装置如图 1 所示。

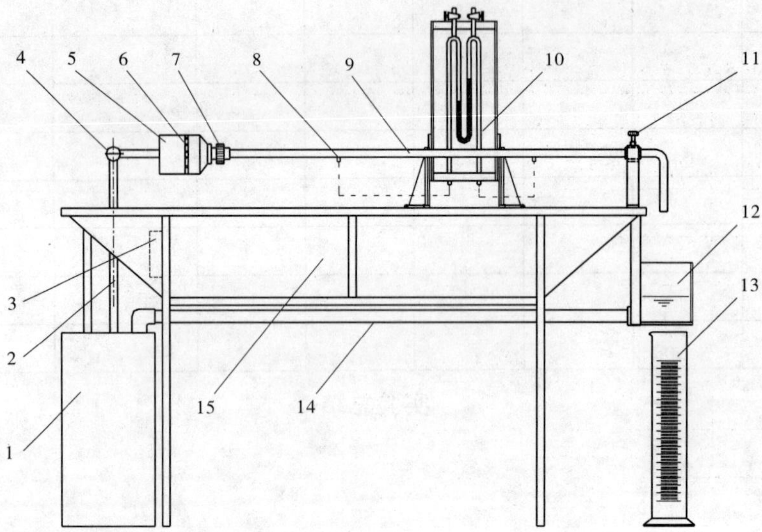

1—水箱(内置潜水泵);2—供水管;3—电器开关;4—供水分配管;5—稳压筒;6—整流栅板;
7—更换活结;8—测压嘴;9—实验管道;10—差压计;11—调节阀门;
12—调整及计量水箱;13—量筒;14—回水管;15—实验桌

图 1

三、实验原理

对如图 1 所示的Ⅰ、Ⅱ两断面列能量方程得:

$$h_{\mathrm{f}} = \frac{P_1}{\rho g} - \frac{P_2}{\rho g} = \Delta h$$

由达西公式

$$h_{\mathrm{f}} = \lambda \frac{L}{d} \frac{v^2}{2g}$$

用体积法测得流量,并算出断面平均流速,即可求得沿程阻力系数 λ:

$$\lambda = \frac{2gdh_{\mathrm{f}}}{Lv^2}$$

四、实验步骤及要求

(1)本实验共进行粗、细不同管径的两组实验,每组各做6个实验点。

(2)把本实验中不同的测压管关闭。

(3)开启进水阀门,使压差达到最大高度,作为第一个实验点。

(4)测读水柱高度,并计算高度差。

(5)用体积法测量流量,并测水温。

(6)用不同符号将粗、细管道的实验点绘制成 lgRe ~ lg100λ 对数曲线。

(7)绘制 lgRe ~ lg100λ 对数图。

五、数据记录与计算

仪器编号:________ $d_{粗}$ = ________ cm, L = ________ m, $d_{细}$ = ________ cm, T = ________℃,

v = ________ m/s, $\rho_{水}$ = ________ kg/m^3

类别	次序	h_1 (cm)	h_2 (cm)	$\Delta h_{汞}$ (cm)	$\Delta h_{水}$ (cm)	t (s)	q_v (cm^3/s)	v (cm/s)	Re	lgRe	λ	lg100λ
粗管	1											
	2											
	3											
	4											
	5											
	6											
中管	1											
	2											
	3											
	4											
	5											
	6											
细管	1											
	2											
	3											
	4											
	5											
	6											

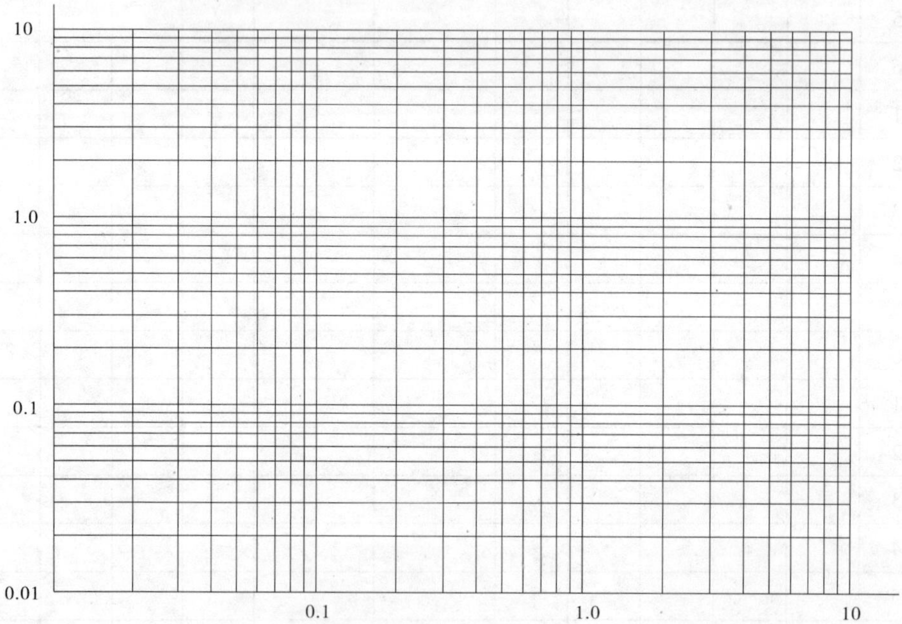

$lgRe \sim lg100\lambda$ 对数坐标

实训报告六　沿程阻力系数的测定

日期：　　　　班级：　　　　组别：　　　　姓名：　　　　学号：

仪器编号：__________

仪器常数：$d_{粗}$ = ________ cm，L = ________ m，$d_{细}$ = ________ cm，T = ________ ℃，v = ________ m/s，$\rho_{水}$ = ________ kg/m^3

类别	次序	h_1 (cm)	h_2 (cm)	$\Delta h_{汞}$ (cm)	$\Delta h_{水}$ (cm)	t (s)	q_v (cm^3/s)	v (cm/s)	Re	lgRe	λ	lg100λ
粗管	1											
	2											
	3											
	4											
	5											
	6											
中管	1											
	2											
	3											
	4											
	5											
	6											
细管	1											
	2											
	3											
	4											
	5											
	6											

实验总结

实训指导老师评语和成绩评定：

成绩：　　　　指导老师签名：

年　　月　　日

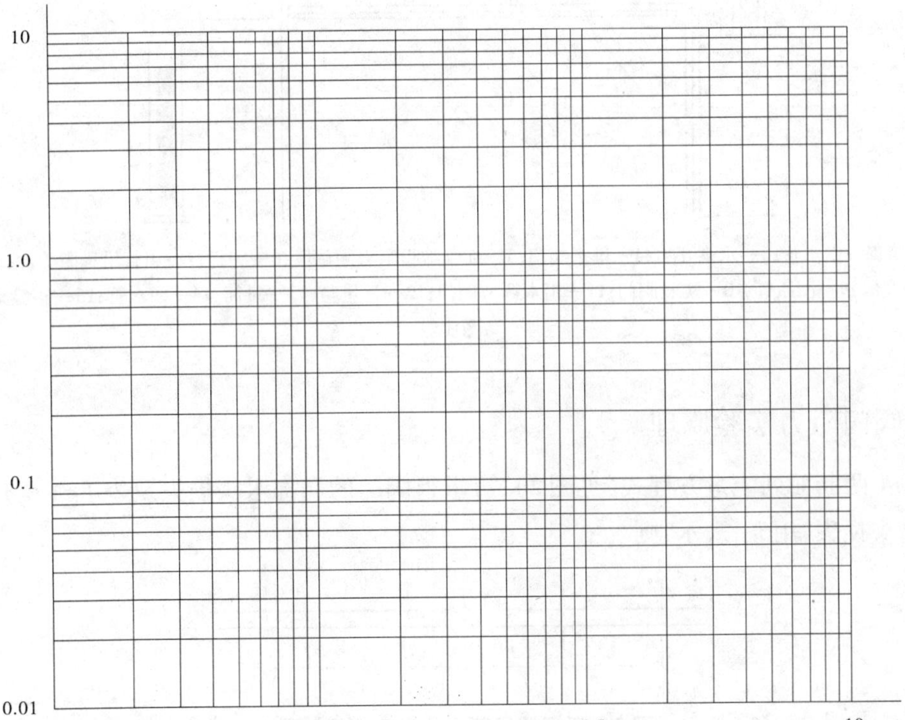

$\lg Re \sim \lg 100\lambda$ 对数坐标

实训七　阀门局部阻力系数的测定

一、实验目的和要求

(1)掌握管道沿程阻力系数和局部阻力系数的测定方法。

(2)了解阻力系数在不同流态、不同雷诺数下的变化情况。

(3)测定阀门不同开启度(全开、开启 30°、开启 45°三种)时的阻力系数。

(4)掌握三点法、四点法量测局部阻力系数的技能。

二、实验设备与装置

实验设备与装置如图 1 所示。

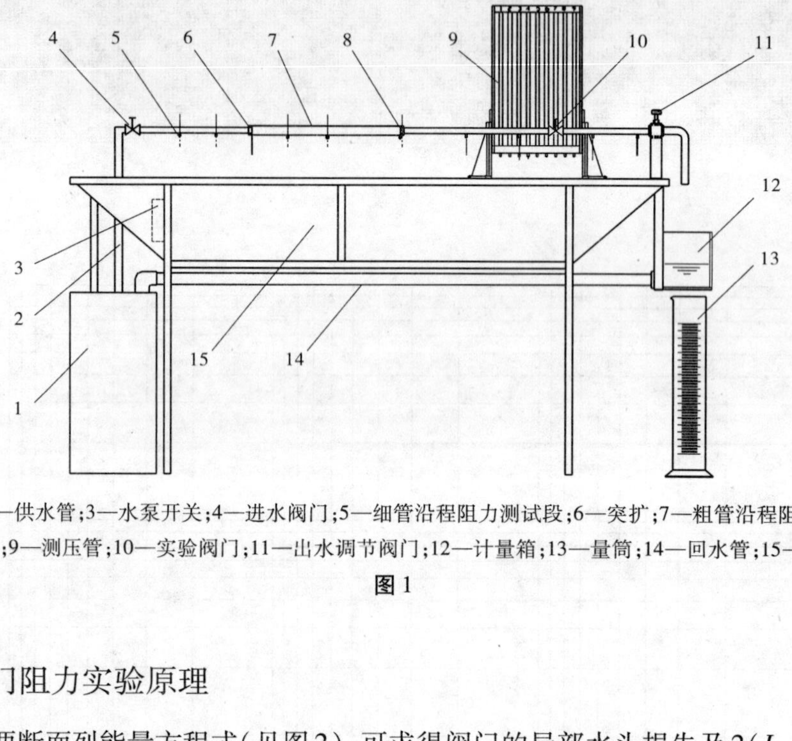

1—水箱;2—供水管;3—水泵开关;4—进水阀门;5—细管沿程阻力测试段;6—突扩;7—粗管沿程阻力测试段;8—突缩;9—测压管;10—实验阀门;11—出水调节阀门;12—计量箱;13—量筒;14—回水管;15—实验桌

图 1

三、阀门阻力实验原理

对 1、4 两断面列能量方程式(见图 2),可求得阀门的局部水头损失及 $2(L_1+L_2)$ 长度上的沿程水头损失,用 h_{w1} 表示,则

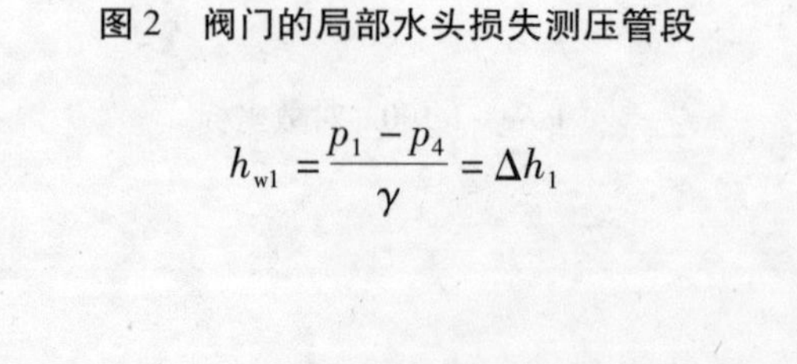

图 2　阀门的局部水头损失测压管段

$$h_{w1}=\frac{p_1-p_4}{\gamma}=\Delta h_1$$

对 2、3 两断面列能量方程式，可求得阀门的局部水头损失及(L_1+L_2)长度上的沿程水头损失，用 h_{w2} 表示，则

$$h_{w2}=\frac{p_2-p_3}{\gamma}=\Delta h_2$$

阀门的局部水头损失 h_1 应为：

$$h_1=2\Delta h_2-\Delta h_1$$

亦即

$$\zeta\frac{v^2}{2g}=2\Delta h_2-\Delta h_1$$

阀门的局部水头损失系数为：

$$\zeta=(2\Delta h_2-\Delta h_1)\frac{2g}{v^2}$$

式中 v——管道的平均流速。

四、实验步骤及要求

(1)本实验共进行 3 组实验：阀门全开、开启 30°、开启 45°，每组实验做 3 个实验点。

(2)开启进水阀门，使压差达到测压计可量测的最大高度。

(3)测读压差，同时用体积法量测流量。

(4)每组 3 个实验点的压差值不要太接近。

(5)绘制 $d=f(\zeta)$ 曲线。

(6)绘图。

五、实验数据记录与计算

仪器编号：____________　　d = ________ cm

开启度	次序	h_1 (cm)	h_2 (cm)	Δh_1 (cm)	h_1 (cm)	h_2 (cm)	Δh_2 (cm)	$2\Delta h_2-\Delta h_1$ (cm)	W (cm^3)	t (s)	Q (cm^3/s)	v (cm/s)	ζ
全开	1												
	2												
	3												
	4												
30°	1												
	2												
	3												
	4												
45°	1												
	2												
	3												
	4												

六、结果分析与讨论

(1)在同一开启度、不同流量下,ζ 值为定值还是变值？为什么？

(2)不同开启度时,如把流量调至相等,ζ 值是否相等？

实训报告七　阀门局部阻力系数的测定

日期：　　　　班级：　　　　组别：　　　　姓名：　　　　学号：

仪器编号：____________　　$d=$ ________ cm

开启度	次序	h_1 (cm)	h_2 (cm)	Δh_1 (cm)	h_1 (cm)	h_2 (cm)	Δh_2 (cm)	$2\Delta h_2-\Delta h_1$ (cm)	W (cm^3)	t (s)	Q (cm^3/s)	v (cm/s)	ζ
全开	1												
	2												
	3												
	4												
30°	1												
	2												
	3												
	4												
45°	1												
	2												
	3												
	4												

实验总结

实训指导老师评语和成绩评定：

成绩：　　　　指导老师签名：

年　月　日

实训八　突扩、突缩局部阻力损失实验

一、实验目的和要求

（1）掌握三点法、四点法量测局部阻力系数的技能。

（2）通过对圆管突扩局部阻力系数的表达公式和突缩局部阻力系数的经验公式的实验验证与分析，熟悉用理论分析法和经验法建立函数式的途径。

（3）加深对局部阻力损失机制的理解。

二、实验设备与设置

突扩、突缩的局部水头损失测压管如图1所示。

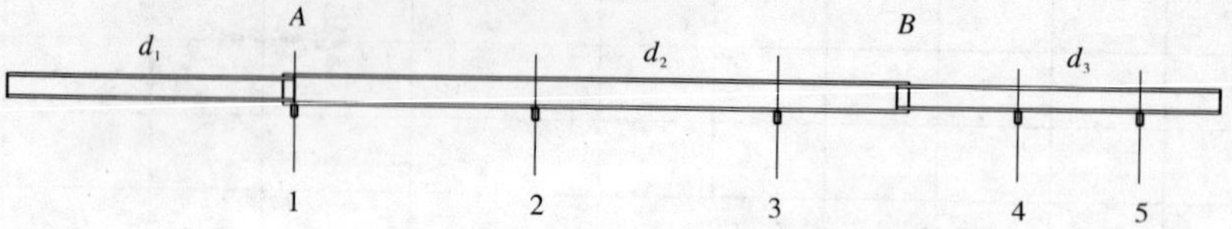

图1　突扩突缩的局部水头损失测压管段

三、实验原理

写出局部阻力前、后两断面的能量方程，根据推导条件，扣除沿程水头损失可得。

（一）突然扩大

采用三点法计算，A 为突扩点。下式中 h_{f1-2} 由 h_{f2-3} 按流长比例换算得出。

$$h_{je} = \left[(Z_1 + p_1/\gamma) + \alpha v_1^2/2g\right] - \left[(Z_2 + p_2/\gamma) + \alpha v_2^2/2g\right] + h_{f1-2}$$

$$\xi_e = h_{je}/(\alpha v_1^2/2g)$$

$$\xi_e = (1 - A_1/A_2)^2$$

$$h_{je} = \xi_e = (1 - A_1/A_2)^2 = \alpha v_1^2/2g$$

（二）突然缩小

采用四点法计算，下式中 B 点为突缩点，h_{f3-B} 由 h_{f2-3} 换算得出，h_{fB-4} 由 h_{f4-5} 换算得出。实测

$$h_{js} = \left\{\left[(Z_3 + p_3/\gamma) + \alpha v_3^2/2g\right] - h_{f3-B}\right\} - \left\{\left[(Z_4 + p_4/\gamma) + \alpha v_4^2/2g\right] - h_{fB-4}\right\}$$

$$\xi_s = h_{js}/\alpha u_4^2/2g$$

$$\xi_s = 0.5(1 - A_4/A_3)$$

$$h_{js} = \xi_s = \alpha v_4^2/2g$$

四、实验步骤

（1）测记实验有关常数。

(2)打开水泵,排出实验管道中滞留气体及测压管气体。

(3)打开出水阀至最大开度,等流量稳定后,测记测压管读数,同时用体积法计量流量。

(4)打开出水阀开度 3 ~4 次,分别测记测压管读数及流量。

五、数据记录与计算

记录表如表 1 所示。

表 1

次序	流量			测压管读数(cm)					
	体积(cm^3)	时间(s)	流量(cm^3/s)	1	2	3	4	5	6
1									
2									
3									
4									
5									
6									
7									

记录表如表 2 所示。

表 2

阻力形式	次序	流量(cm^3/s)	前断面		后断面		h_j(cm)	ξ	h_f(cm)
			$\frac{\alpha v^2}{2g}$(cm)	E(cm)	$\frac{\alpha v^2}{2g}$(cm)	E(cm)			
突然扩大	1								
	2								
	3								
	4								
突然缩小	1								
	2								
	3								
	4								

六、成果分析与讨论

(1)分析比较突扩与突缩在相应条件下局部损失的大小关系。

(2)结合流动演示的水力现象,分析局部阻力损失机制和产生突扩与突缩局部阻力损失的主要部位在哪里及怎样减小局部阻力损失?

实训报告八　突扩、突缩局部阻力损失

日期：　　　　班级：　　　　组别：　　　　姓名：　　　　学号：

记录表

次序	流量			测压管读数(cm)					
	体积(cm^3)	时间(s)	流量(cm^3/s)	1	2	3	4	5	6
1									
2									
3									
4									
5									
6									
7									

记录表

阻力形式	次序	流量(cm^3/s)	前断面		后断面		h_j(cm)	ξ	h_f(cm)
			$\frac{\alpha v^2}{2g}$(cm)	E(cm)	$\frac{\alpha v^2}{2g}$(cm)	E(cm)			
突然扩大	1								
	2								
	3								
	4								
突然缩小	1								
	2								
	3								
	4								

实验总结
实训指导老师评语和成绩评定：   成绩：　　　　指导老师签名： 年　　月　　日

注：本实验台的实验有几种算法，请讲课教师根据具体情况，选择计算方式。

实训九　孔口与管嘴出流实验

一、实验目的和要求

(1)观察典型孔口和管嘴自由出流的水力现象与圆柱管嘴的局部真空现象。

(2)测定孔口、管嘴自由出流的收缩系数 ε、流量系数 μ、流速系数 φ 和阻力系数 ζ。

二、实验设备与装置

实验设备与装置如图 1 所示。

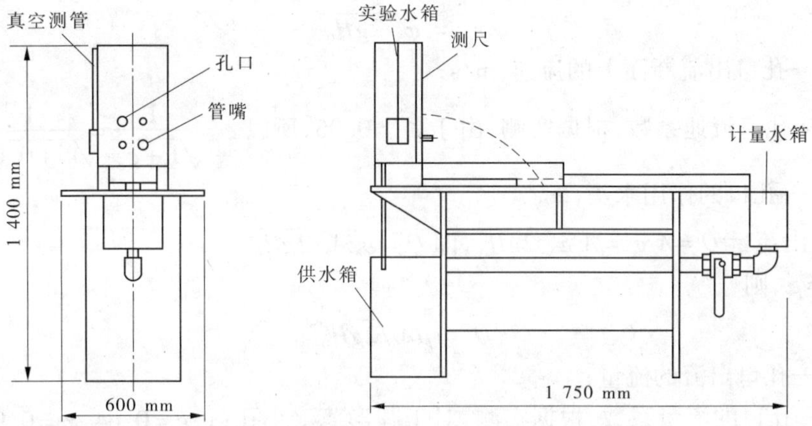

图 1

实验台由稳压水箱、计量水箱、供水箱、水泵等组成。在实验设备的稳压水箱前侧壁上设置有两种形状的孔口以及圆柱管嘴与圆锥管嘴,箱内有溢流板,以保持水头恒定,箱前壁装有旋板,实验时更换出流能防止飞溅;孔口和管嘴上安装门盖更换出流。在圆柱形管嘴收缩断面处设测压管,以观察真空现象并测量真空值。出水水股由活动的触头进行测量。在标尺上可读出水箱水位、孔口管嘴的位置高程及圆柱管嘴的真空度。流量测量采用体积法,由计量水箱计量。秒表由用户自备。

三、实验原理

(一)孔口出流

如图 2 所示,对于 $d/H<0.1$ 的小孔口,当为完全收缩时,由于水流惯性作用,在离孔口约 $d/2$ 的 c—c 断面处,水股断面收缩到最小,该收缩断面 A_c 与孔口断面面积 A 的关系为 $A_c=\varepsilon A$,ε 称为收缩系数。

对水面 1—1,收缩断面 c—c 列能量方程式,可得

$$H_0=(1+\zeta_c)\frac{v_c^2}{2g}$$

由此得

$$v_c=\frac{1}{\sqrt{1+\zeta_c}}\sqrt{2gH_0}$$

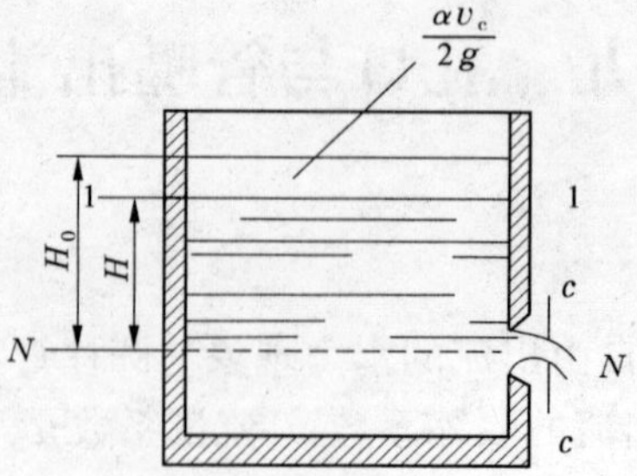

图 2

令 $\varphi=\frac{1}{\sqrt{1+\zeta_c}}$,则

$$v_c = \varphi\sqrt{2gH_0}$$

式中 v_c——孔口出流断面上的流速,m/s;

φ——孔口流速系数,根据实测,由于 $\zeta_c=0.06$,所以 $\varphi=\frac{1}{\sqrt{1+\zeta_c}}=\frac{1}{\sqrt{1+0.06}}=0.97$;

H_0——孔口的作用水头,m。

孔口的出流量 $Q=A_cv_c=A_c\varphi\sqrt{2gH_0}$,即 $Q=\varepsilon\varphi A\sqrt{2gH_0}$。

设 $\varepsilon\varphi=\mu$,则

$$Q = \mu A\sqrt{2gH_0}$$

式中 Q——孔口出流的流量;

μ——孔口的流量系数,根据实测,对于圆形薄壁小孔口,$\varepsilon=0.64$,$\varphi=0.97$,所以 $\mu=0.62$。

(二)管嘴出流

如图 3 所示,当器壁较厚或孔口上加接短管并且器壁厚度或管长相当于孔口直径的 3~4倍时,则称作管嘴,也叫作厚壁孔口。这种出流现象称作管嘴出流。在管嘴内存在一个收缩断面 c—c,液流在随后扩大时,将出现旋涡区,常称这种收缩为内部收缩。我们对水面 1—1 与管嘴出口断面 2—2 处列能量方程得:

$$H_0 = (1+\zeta)\frac{v_2^2}{2g}$$

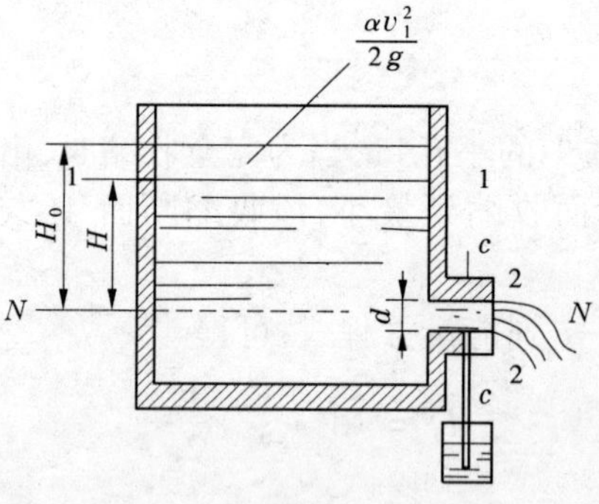

图 3

由此得管嘴出流的流速：

$$v = v_2 = \varphi\sqrt{2gH_0} = \frac{1}{\sqrt{1+\zeta}}\sqrt{2gH_0}$$

式中 v——管嘴出流的流速，m/s；

H_0——管嘴的作用水头，m；

φ——管嘴的流速系数，由于 $\zeta = 0.5$，因此 $\varphi = \frac{1}{\sqrt{1+0.5}} = 0.82$。

通过管嘴的流量 $$Q = \mu A\sqrt{2gH_0}$$

式中 Q——管嘴的出流流量，m^3/s；

A——管嘴的过流面积，m^2；

H_0——管嘴的作用水头，m。

对于圆柱形外管嘴，由于出口断面没有收缩，因此流量系数等于流速系数，即 $\mu = \varphi = 0.82$，通过实验，可测量出圆柱形外管嘴在 $c—c$ 处出现收缩断面，而产生真空。真空度能够达到作用水头的0.75倍，这相当于把作用水头增大75%，因此管嘴出流的流量大于孔口出流的流量。

四、实验步骤

(1)记录有关常数，如孔口与管嘴的直径、出口中心高等。

(2)将水泵接通电源，并调节供水阀门使水箱有微量溢流，分别打开各孔口管嘴的前盖进行实验。

(3)观察各种薄壁孔口出流水股的收缩现象，测量出流收缩断面尺寸，计算收缩断面面积，测量孔口收缩管嘴的作用水头，一般应测3～5次，并取其平均值。

(4)测量孔口与管嘴出流的流量，并重复测3次以上。

(5)根据实测数据，计算各项系数。

五、数据记录与计算

仪器常数：孔口 d = ________ cm　　水头 H = ________ cm　　管嘴 d = ________ cm

类别		V (m^3)	t (s)	v (m/s)	Q (m^3/s)	A (m^2)	真空度
孔口	圆形						
	矩形						
管嘴	直管嘴						
	锥管嘴						

实训报告九　孔口与管嘴出流

日期：　　　　　班级：　　　　　组别：　　　　　姓名：　　　　　学号：

仪器编号：＿＿＿＿＿＿＿＿

仪器常数：孔口 $d=$＿＿＿＿ cm　　水头 $H=$＿＿＿＿ cm　　管嘴 $d=$＿＿＿＿ cm

类别		V (m^3)	t (s)	v (m/s)	Q (m^3/s)	A (m^2)	真空度
孔口	圆形						
	矩形						
管嘴	直管嘴						
	锥管嘴						

实验总结

实训指导老师评语和成绩评定：
成绩：　　　　指导老师签名： 年　月　日

实训十　明渠糙率的测定

一、实验目的和要求

(1)掌握明渠糙率 n 值的测定方法。

(2)通过实验加深对影响糙率 n 值因素的理解。

(3)绘制均匀流水深和糙率的关系曲线(即 $h_0 \sim n$ 曲线)。

二、试验设备与装置

可变底坡的活动有机玻璃水槽 1 座,形式目前有两种:一种是首部固定高程,中间和尾部可以升降的两节活动玻璃槽,放入流量用设在首部的量水堰测量;另一种是中间固定高程,两端可以升降的两节活动玻璃水槽,玻璃槽中放入的流量是用安装在首部的进水管上的转子流量计直接测读。两种结构形式不同的活动玻璃槽,除测量流量的方法不同外,实验操作步骤是一样的。

三、实验原理

在长直的正坡棱柱体明渠中,若底坡的糙率沿程不变,当通过某一固定流量时,就会发生均匀流动,对于明渠均匀流,流速可用谢才公式表示:

$$v = C\sqrt{RJ} \tag{1}$$

因为均匀流中 $i = J$,则流量为:

$$Q = Av = AC\sqrt{RJ} \tag{2}$$

其中

$$C = \frac{1}{n}R^{1/6}$$

则

$$Q = \frac{1}{n}AR^{2/3}i^{1/2} \tag{3}$$

或

$$n = \frac{1}{Q}AR^{2/3}i^{1/2} \tag{4}$$

根据上式,在已知 Q、A、R、i 的情况下即可算出糙率 n 的值。

四、实验步骤

(1)将活动有机玻璃明槽调至一适当坡度($i > 0$),使两段槽身保持底坡一致。打开进水阀门,放水入槽,待水流稳定后,选取一渐变流段,用活动测片(或钢尺)沿该段测取几个水深,当各水深相等时,此流段为均匀流线,该水深为均匀流水深,若相邻两断面的水深极为接近(不超过 2 cm),亦可视该流段为均匀流段,以两断面水深的平均值作为正常水深。计算出过水断面面积 A 和水力半径 R。

(2)在已选好的均匀流段取上、下两过水断面,测读上、下游两断面的槽底高程 $Z_上$、$Z_下$ 及 Z 两断面间的距离 L,计算底坡 $i = \frac{Z_上 - Z_下}{L}$。

(3)测量玻璃槽中的流量,代入式(4)中可计算得有机玻璃的糙率 n 值。查 n 值表,看实测值和经验值两者相对误差为多少。重复实验步骤,调节不同流量进行测量,共做5次,观察糙率随水深变化,绘出 $h_0 \sim n$ 曲线。

注意事项:

(1)调节底坡时,有机玻璃水槽的上段和下段应保持底坡一致,否则会影响均匀流的产生。

(2)由于曼宁公式要求计算单位为米,所以计算时单位要统一。

(3)调节流量时,要缓慢开启阀门,防止流量过大时水流从槽身溢出。

(4)调节底坡时,要缓慢进行,以免槽身升降太快,难以调准。

五、结果分析与讨论

(1)测量糙率时,为什么要选取均匀流段?如果在非均匀流段,又如何测量明槽的糙率?

(2)试分析影响 n 值的因素。